AF456243

MORALE POPULAIRE.

« La République, qui met au premier rang de ses devoirs l'éducation de ses fils, n'a pas d'intérêts plus chers que les vôtres. Pour obtenir un jour de vous tous les services qu'elle a droit d'en attendre, quelle marche doit-elle suivre? Développer parallèlement et dans une égale mesure l'enseignement moral et l'enseignement intellectuel; vous initier à ces études qui façonnent l'esprit en même temps qu'elles disposent le cœur aux nobles dévouements et aux grands sacrifices; faire de vous de bons citoyens et des citoyens instruits; des hommes, en un mot, chez qui l'art de bien dire ne soit désormais qu'un auxiliaire efficace à la volonté de bien faire. » (*Discours prononcé par M. Vaulabelle, ministre de l'instruction publique, à la distribution des prix du concours général, le* 10 *août* 1848).

MORALE POPULAIRE

OU

TRAITÉ DES DROITS ET DES DEVOIRS DE L'HOMME

Par S. THEUBET,

INSPECTEUR DES ÉCOLES DU XIIe ARRONDISSEMENT.

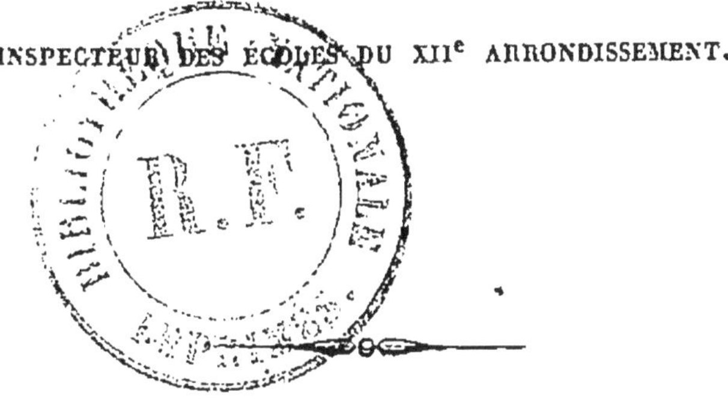

PARIS.

CHEZ L'AUTEUR,

RUE DE LA VIEILLE ESTRAPADE, 5 ET 7.

ET CHEZ J. DELALAIN, RUE DES MATHURINS, 5.

1848.

MORALE POPULAIRE.

I.

De l'homme. — Son origine. — Ses facultés. — Sa destinée. — Sa fin.

1. Qu'est-ce que l'homme?

L'homme est un animal raisonnable.

2. Quelle est l'origine de l'homme?

Après avoir créé l'univers et tout ce qu'il renferme, Dieu fit l'homme à son image. Il le créa supérieur à tous les êtres et lui accorda les facultés qui l'élèvent au-dessus des autres animaux.

3. Quelles sont les facultés dont Dieu doua l'homme?

La raison, la sensibilité et la liberté.

4. Quelle est la principale de ces facultés?

La raison qui règle la sensibilité et la liberté.

5. Qu'est-ce que la raison?

C'est la faculté qui fait comprendre à l'homme sa nature, le monde et Dieu; c'est elle qui lui fait connaître le bien et le mal, le juste et l'injuste, la vérité et l'erreur.

6. Qu'est-ce que la sensibilité?

C'est la faculté d'être impressionné d'une manière agréable ou désagréable et de comprendre les jouissances et les douleurs du corps comme les joies et les peines de l'esprit.

7. Qu'est-ce que la liberté?

C'est la faculté de se déterminer pour telle ou telle résolution, de vouloir ou de ne point vouloir, d'agir ou de ne pas agir.

8. L'homme est-il libre?

Oui. Si l'homme n'était point libre, si ses déterminations étaient réglées par une autre volonté que la sienne, les lois qui commandent de faire le bien et d'éviter le mal seraient inutiles et les récompenses et les punitions seraient injustes.

9. Quelle est la destinée de l'homme?

La destinée de l'homme est contenue dans ces mots de la doctrine chrétienne : connaître, aimer et servir Dieu. L'homme le connaît par la raison, l'aime par la sensibilité, le sert par la liberté. Connaître, aimer et servir Dieu, c'est faire un bon usage de ses facultés ; c'est connaître, aimer et faire le bien ; c'est arriver au bonheur par la vertu ; telle est la destinée de l'homme.

10. Quelle est la fin de l'homme?

L'origine et la fin de l'homme le conduisent à Dieu ; de là l'idée de ses droits et de ses devoirs, bases inséparables de toute société humaine.

11. Quelle est la science qui enseigne les droits et les devoirs de l'homme?

C'est la morale.

MORALE GÉNÉRALE.

II.

Son objet. — Des droits et des devoirs. — Division des devoirs.

12. Qu'est-ce que la morale?

La morale a pour objet de prescrire des règles à la volonté de l'homme, de lui tracer ses devoirs et de lui faire connaître ses droits.

13. Qu'entendez-vous par devoir?

J'entends par devoir l'obligation d'obéir à cette loi naturelle qui se trouve gravée dans le cœur de tous les hommes et qui dit à chacun : Fais ce qui est bien, ce qui est juste ; évite de faire ce qui est mal, ce qui est injuste.

14. N'y a-t-il pas différentes sortes de devoirs?

L'homme étant doué d'intelligence, de sensibilité et de liberté, l'exercice de ces facultés le met en rapport avec Dieu, avec ses semblables et avec lui-même, d'où naissent les devoirs envers Dieu, envers la société et envers soi-même. De là, trois sortes de morales, morale religieuse, morale sociale et morale individuelle.

15. Qu'entendez-vous par droits?

Les hommes étant nés pour vivre en société sont

engagés à remplir l'obligation de certains actes à l'égard les uns des autres : ce qui constitue les droits de chacun. Les droits découlent donc des devoirs ; ils en sont la conséquence nécessaire.

III.

Des motifs d'action. — Du mérite et du démérite.—Des peines et des récompenses.

16. Comment distingue-t-on le devoir dans les différents actes de la vie ?

La conscience qui est le siége de la raison humaine sait parfaitement apprécier les divers motifs de nos actions, pour diriger notre conduite vers le bien et la détourner de ce qui est mal.

17. Qu'appelez-vous motifs d'action?

L'homme est une force intelligente et libre dont les déterminations peuvent être influencées par différentes causes ; ces causes s'appellent motifs d'action.

18. Combien y a-t-il de motifs d'action?

Les divers motifs de nos actions peuvent se réduire à deux : le devoir et l'intérêt que l'on appelle encore égoïsme.

19. Qu'entendez-vous par égoïsme ?

L'égoïsme consiste à n'agir que dans un but de plaisir, d'utilité particulière ou d'intérêt personnel, aux dépens même de ce qui est juste et de ce qui est bien.

20. Qu'entendez-vous par mérite et démérite?

On appelle mérite, l'accomplissement du devoir en sacrifiant le plaisir et l'intérêt particulier, et démérite, le sacrifice du devoir au plaisir et à l'intérêt.

21. Le mérite et le démérite n'entraînent-ils pas les peines et les récompenses?

Si une action est méritoire, morale ou vertueuse, elle appelle une récompense ; si l'action est déméritoire, immorale ou vicieuse, elle appelle une peine. Des peines et des récompenses sont donc attachées à l'observation ou à la violation du devoir.

22. Quelles sont ces peines et ces récompenses?

La vertu trouve sa récompense dans la satisfaction intérieure de la conscience, dans les distinctions dont la société l'honore et dans la félicité que Dieu lui promet après cette vie ; le vice, à son tour, trouve sa punition dans la désapprobation et les remords de la conscience, dans les châtiments que la société inflige, et dans les peines que Dieu réserve aux méchants dans une autre vie.

23. Comment prouve-t-on l'existence d'une vie future?

Par l'immortalité de l'âme.

24. Comment l'âme est-elle immortelle?

L'âme est une substance simple, immatérielle,

et indivisible. La mort, qui n'est qu'une décomposition de parties, atteint le corps, mais ne peut atteindre l'âme.

MORALE RELIGIEUSE.

IV.

Dieu. — Ses principaux attributs. — De la divine Providence.

25. Qu'est-ce que la morale religieuse ?

La morale religieuse traite des devoirs envers Dieu.

26. Qu'est-ce que Dieu ?

Dieu est un pur esprit, éternel, infini, créateur et souverain maître de toutes choses.

27. Comment prouvez-vous l'existence de Dieu ?

Les beautés de la nature, le mouvement des astres, l'ordre admirable de l'univers, la perfection de l'homme, démontrent suffisamment l'existence d'un Dieu créateur.

28. Quels sont les principaux attributs de Dieu ?

Tous les attributs de Dieu découlent de son essence ; or, cette essence c'est d'être cause première, et la cause première est infinie ; car si elle était finie, elle dépendrait d'une autre cause et ne serait plus cause première. Dieu est donc infini dans tous ses attributs, infini dans sa puissanee, dans sa justice et dans sa bonté.

29. Qu'entendez-vous par divine providence?

J'entends par divine providence la triple action de la puissance, de l'intelligence et de la bonté infinies de Dieu. Sa souveraine puissance se manifeste dans la création, sa souveraine intelligence, dans l'ordre admirable de l'univers, et sa souveraine bonté, dans le maintien de toute chose pour le bonheur de ses créatures.

V.

La religion. — Le culte. — Le christianisme. — Devoirs envers Dieu.

30. Qu'est-ce que la religion?

La religion, mot sorti du latin qui signifie lien, est en effet le sentiment qui rattache l'homme à Dieu par les devoirs renfermés dans la morale religieuse.

31. Qu'est-ce que le culte?

C'est l'exercice de la religion, c'est l'expression du sentiment religieux.

32. La religion est-elle nécessaire à la société?

Sans doute, car une société sans religion ne saurait pas plus subsister que le monde sans la divine providence.

33. Quelle est l'utilité du culte?

Comme la pensée appelle la parole, de même la

religion appelle le culte, et le culte est aussi nécessaire au sentiment religieux que la parole à l'intelligence.

34. De quoi se compose le culte?

Des prières et des cérémonies religieuses.

35. Y a-t-il plusieurs religions?

Le monde renferme plusieurs religions dont les doctrines varient suivant le degré de civilisation des peuples qui les pratiquent. Toutes ces religions tendent cependant au même but, c'est-à-dire à Dieu.

36. Quelles sont les principales?

Le christianisme et le mahométisme qui se partagent le globe.

37. Qu'est-ce que le christianisme?

C'est la doctrine que Jésus-Christ a fait descendre du ciel sur la terre.

38. Que nous enseigne cette doctrine?

Elle nous enseigne que Dieu est le père de tous les hommes et que tous les hommes sont frères.

39. Dans quel livre est renfermée la doctrine de Jésus-Christ?

Dans l'Évangile, mot qui signifie bonne nouvelle, parce que Jésus-Christ dans ce livre révèle des vérités sublimes, enseigne une morale pure et divine, et prêche aux hommes la liberté, l'égalité, la fraternité.

40. Quels devoirs Jésus-Christ nous a-t-il imposés comme fils de Dieu?

Jésus-Christ nous a imposé l'obligation d'adorer Dieu, d'aimer notre prochain comme nous-mêmes, et d'user de notre liberté pour le bien et la vertu.

41. Qu'est-ce que le mahométisme ?

C'est la doctrine enseignée par Mahomet.

42. Quels sont les principaux dogmes du mahométisme.

L'unité de Dieu, la croyance aux anges et aux prophètes dont Mahomet est le plus grand, celle de la résurrection, du jugement dernier, des peines et des récompenses futures. De plus, il prêche la prédestination ou fatalité, qui est la négation de la liberté ; il admet les castes et les priviléges, contradiction de l'égalité et de la fraternité, et il permet la polygamie ou la possession de plusieurs femmes.

43. Dans quel livre se trouve cette doctrine ?

Dans le Koran que Mahomet donna comme apporté du ciel par l'ange Gabriel. C'est un amas de récits et de visions où la vérité se trouve à côté de l'imposture, le sublime à côté de l'absurde.

44. La religion a-t-elle des rapports avec le gouvernement ?

Ces rapports sont incontestables ; l'autorité d'un gouvernement remonte jusqu'à Dieu, principe de toute législation.

45. Quel est le gouvernement qui a le plus de rapports avec la religion chrétienne ?

Le gouvernement basé sur le symbole évangélique, formulé par ces trois grandes idées : Liberté, Égalité, Fraternité.

46. Comment appelez-vous ce gouvernement ?

Il s'appelle gouvernement républicain, expression politique de la religion chrétienne.

47. Quels sont les devoirs de l'homme envers Dieu ?

Dieu existe, tout le prouve ; Dieu a créé l'homme ; il se manifeste à lui par la divine providence. De là naissent les devoirs de croire en Dieu, de l'aimer, de lui obéir et de l'adorer.

48. Quels sont les droits que Dieu nous accorde ?

Pour la fidèle exécution des devoirs que nous avons à remplir, Dieu nous permet d'espérer le bonheur sur cette terre et une récompense dans l'autre vie.

MORALE SOCIALE.

VI.

Division des devoirs. — Devoirs envers l'humanité.

49. Qu'est-ce que la morale sociale ?

La morale sociale traite des devoirs de l'homme envers ses semblables.

50. Quels sont les devoirs de l'homme envers ses semblables ?

L'homme peut être considéré comme faisant

partie soit de la famille humaine qu'on appelle humanité, soit d'une famille moins étendue qu'on appelle l'État. De là deux sortes de devoirs, envers l'homme en général ou l'humanité, et envers l'État.

51. Quels sont les devoirs envers l'homme en général?

Ils peuvent se diviser en devoirs positifs et devoirs négatifs.

52. Quels sont les devoirs positifs?

Ils se trouvent renfermés dans ce précepte: Faites à autrui ce que vous voudriez qu'il vous fît.

53. Comment expliquez-vous ce précepte?

L'humanité est une grande famille dont tous les membres sont frères. De cette fraternité découle le premier devoir de l'homme envers ses semblables, l'amour ou la charité; puis l'indulgence pour les fautes, la bienfaisance envers le malheur, et la tolérance pour les opinions.

54. Quels sont les devoirs négatifs?

Ne faites pas à autrui ce que vous ne voudriez pas qu'il vous fît.

55. Comment expliquez-vous ce précepte?

Ce précepte prescrit le devoir de respecter la vie, les biens, la réputation et la liberté de ses semblables, et de ne pas les entraîner dans des égarements nuisibles, en trompant leur intelligence.

VII.

Etat. — Peuples. — Gouvernements.

56. Qu'est-ce qu'un Etat?

C'est une partie de la terre plus ou moins considérable, renfermant une agglomération d'individus dont la masse collective prend le nom de peuple.

57. Comment se distinguent les peuples?

Les peuples se distinguent par leur origine, leur langage, leurs sentiments, leurs intérêts et leurs dispositions morales.

58. Les peuples n'ont-ils pas des devoirs à remplir les uns envers les autres?

Comme il existe entre les peuples les mêmes rapports qu'entre les individus, les devoirs des uns et des autres sont les mêmes.

59. Qui dirige ces rapports et règle ces devoirs?

Le gouvernement de chaque peuple.

60. Qu'est-ce qu'un gouvernement?

C'est l'autorité exercée sur le peuple par des hommes qui, par leur intelligence, leur sagesse et leur justice sont appelés à faire exécuter les lois, à prévenir les besoins, à concilier les intérêts de chacun, et à veiller à la défense des droits internationaux.

61. Qu'entendez-vous par droits internationaux?

Les intérêts que font naître les rapports des nations entre elles.

62. Y a-t-il plusieurs espèces de gouvernements?

Oui, suivant le concours plus ou moins restreint ou plus ou moins grand des individus qui exercent l'autorité souveraine.

63. Combien y a-t-il de sortes de gouvernements?

Il y a plusieurs sortes de gouvernements dont deux principaux sont le gouvernement monarchique et le gouvernement républicain.

64. Qu'est-ce que c'est qu'un gouvernement monarchique?

C'est celui dont la souveraine autorité réside dans un seul individu.

65. N'y a-t-il pas plusieurs espèces de monarchies?

Deux espèces : monarchie absolue et monarchie constitutionnelle. La monarchie absolue consiste dans l'autorité exercée par un seul individu qui dispose à son gré des hommes et des choses, qui promulgue les lois en son nom, négocie les traités, fait la paix et déclare la guerre. La monarchie constitutionnelle est l'autorité résidant dans un seul individu dont la puissance est réglée par une constitution, ou pacte entre le peuple et le souverain, qui garantit les droits des sujets et borne les pouvoirs du monarque.

66. Qu'est-ce que le gouvernement républicain?

C'est le gouvernement de tous, par tous et pour tous.

67. Comment expliquez-vous cette forme de gouvernement?

Dans un état républicain, le peuple est souverain ; tous les pouvoirs publics, quels qu'ils soient, émanent de lui par le suffrage universel, et sont exercés en son nom et pour lui ; c'est donc le gouvernement de tous, par tous et pour tous.

VIII.

République française. — Principes généraux. — Dogme politique. — Devoirs du citoyen.

69. Quel est le gouvernement de la France?

La France est une république démocratique, une et indivisible.

68. Qu'entendez-vous par ce mot *démocratique?*

Démocratique est un mot grec qui signifie puissance du peuple. République démocratique veut donc dire : gouvernement de la souveraineté du peuple.

70. Pourquoi dites-vous que la république est *une?*

Parce que la souveraineté réside dans l'universalité des citoyens français.

71. Pourquoi *indivisible?*

Parce qu'aucun individu, aucune fraction du

peuple ne peut s'attribuer exclusivement l'exercice de la souveraineté.

72. Sur quels principes généraux est assise la république française?

La république française a proclamé et pris pour devise les trois grands principes de liberté, d'égalité, de fraternité.

73. Qu'est-ce que la liberté?

La liberté consiste dans le droit qu'ont tous les citoyens d'aller, de venir et d'agir chacun selon sa volonté, de s'assembler paisiblement et sans armes, de s'associer, de pétitionner, d'exercer son culte, de manifester ses opinions et ses pensées par la voie de la presse ou autrement.

74. A quels fâcheux résultats peut entraîner l'abus de ce droit?

L'abus ou la mauvaise interprétation du droit de liberté peut amener une licence coupable, des attroupements séditieux, des associations immorales et déshonnêtes, la manifestation de pensées et d'opinions subversives de l'ordre établi : délits ou crimes que les lois répriment sévèrement dans l'intérêt de tous.

75. Quels sont les droits qui découlent de la liberté?

La sûreté et la propriété.

76. Qu'entendez-vous par le droit de sûreté?

Le droit de sûreté consiste dans l'obligation que doit remplir le gouvernement de protéger la personne, la famille, le domicile, les biens et les droits de tous les citoyens.

77. Qu'est-ce que la propriété?

La propriété consiste dans le droit de jouir et de disposer de ses biens, de ses revenus, des fruits de son travail, de son industrie et de son économie.

78. La propriété n'est-elle pas un privilége?

Non. Un privilége est un droit n'appartenant qu'à un individu ou à une seule classe d'individus. Or, par le travail, l'intelligence et l'industrie, la propriété est accessible à tous et ne peut être un privilége.

79. Qu'est-ce que l'égalité?

C'est le principe qui consiste dans l'exclusion de tout titre et privilége de naissance, de classe ou de caste, dans l'admissibilité de tous à tous les emplois publics, sans autre motif de préférence que la vertu et le talent; dans la participation équitable de tous les citoyens aux charges et et aux avantages de la société.

80. Quel est le droit qui découle de l'égalité.

Le droit à l'instruction.

81. Qu'entendez-vous par le droit à l'instruction?

J'entends le droit qu'ont tous les citoyens de recevoir de l'Etat l'enseignement propre à développer les facultés physiques, morales et intellectuelles.

82. Comment expliquez-vous le principe de la fraternité ?

C'est au sein de la famille que naît le sentiment et le mot de fraternité ; ce sentiment s'étend ensuite sur toute la nation, qui forme comme une grande famille dont tous les membres doivent se considérer réellement comme frères.

83. Cette fraternité universelle n'est-elle pas nuisible à la famille ?

Non. Certains socialistes ont pu rêver l'extinction de la famille, mais la nature et le bon sens ont fait bonne justice de ces funestes doctrines. La fraternité ne peut s'établir qu'en s'appuyant sur la famille. Supprimez la famille, le sentiment de fraternité n'a plus ni berceau, ni modèle, ni véritable application.

84. Quel est le droit qui découle de la fraternité ?

Le droit d'assistance, qui est celui qu'ont les enfants abandonnés, les infirmes et les vieillards, de recevoir de la république des moyens d'exister. Ce droit consiste encore dans le soin vigilant que doit apporter le gouvernement à protéger et à encourager tout citoyen dans le travail qui le fait vivre.

85. Quels sont les devoirs généraux des citoyens de la république française ?

Les devoirs du citoyen français se résument dans le respect de la constitution, dans l'obéissance aux lois, dans la défense de la patrie, dans l'accomplissement des devoirs de famille et dans la pratique fraternelle de cette maxime : Ne faites pas à autrui ce que vous ne voudriez pas qu'on vous fît ; ce que vous voulez que les hommes fassent pour vous, faites-le pour eux.

IX.

De l'Etat et de la cité. — Différents devoirs. — Fortune publique et privée. — De l'inégalité des fortunes. — Riches et pauvres. — Les devoirs des uns et des autres.

86. De quoi se compose l'Etat ?

Il se compose de la nation, de la cité et de la famille.

87. Quelles sont les conditions de l'homme dans la nation et la cité ?

Il est homme public ou gouvernant, homme privé ou gouverné.

88. Quels sont les devoirs de l'homme public ou gouvernant ?

Il doit faire respecter les lois et les respecter lui-même ; il doit aux gouvernés justice égale, sécurité, travail aux hommes valides qui en manquent, assistance aux invalides et instruction pour tous.

89. Quels sont les devoirs de l'homme privé ou gouverné ?

Il doit respect aux gouvernants et obéissance aux lois.

90. Qu'entendez-vous par fortune publique?

J'entends la somme de tous les capitaux de l'État dont la circulation dans la société produit et conserve la fortune privée des citoyens et maintient la prospérité publique.

91. A quoi pourrait-on comparer la fortune publique?

A un fleuve qui par de nombreux canaux porte l'abondance et la prospérité partout où il répand ses eaux bienfaisantes.

92. Qu'est-ce que la fortune privée?

La fortune privée consiste dans les produits que chaque citoyen retire de son industrie et de son travail, qu'il augmente par ses économies, et qu'il transforme, suivant sa volonté, en rentes ou en propriétés.

93. L'égalité des fortunes est-elle possible?

Elle est impossible par la nature des hommes et des choses. En effet si les fortunes pouvaient être égalisées, chacun, selon ses goûts, dépensant plus ou moins, l'égalité cesserait bientôt d'exister.

94. Sur quoi fondez-vous l'inégalité des fortunes?

Sur les différences naturelles et inévitables qui se trouvent dans les facultés et les caractères des hommes. En effet, si l'intelligence, le travail, l'industrie et l'économie produisent la richesse, la pauvreté naît le plus souvent de l'ignorance, de la paresse et de l'inconduite.

95. Ne voit-on pas des exemples que des hommes intelligents, actifs et économes soient pauvres ?

Ces exemples s'offrent en effet très-souvent ; sans en rendre la société responsable, vous devez en attribuer les motifs à des causes indépendantes de l'organisation sociale.

96. Quelles peuvent être ces causes ?

Les causes appartiennent à l'individu ou aux événements.

97. Comment les causes appartiennent-elles à l'individu ?

L'individu, quoiqu'intelligent, actif et économe, peut être pauvre, parce qu'il n'a pas eu le talent de se créer des occasions de réussir, et parce qu'il les a négligées ou qu'il n'a pas su en profiter lorsqu'elles se sont présentées à lui.

98. Comment les causes appartiennent-elles aux événements?

Outre que la fortune ne favorise pas toujours les moyens d'intelligence et d'action, la société a ses époques de malaise, de trouble et d'agitation. Alors les affaires s'arrêtent, le travail est suspendu, le crédit s'éteint, et la confiance disparaît. Alors tout le monde souffre, et plus que les autres ceux qui n'ont pu, par leur conduite et leur économie dans des temps meilleurs, se pourvoir pour les mauvais jours.

99. La république est-elle appelée à éloigner de pareils exemples?

Ces exemples se sont présentés depuis le commencement du monde, et ils se présenteront toujours ; mais ils deviendront bien plus rares par la force des institutions républicaines. La république vient en aide aux pauvres, à ceux qui souffrent, et à ceux qui sont ignorants. Elle s'efforce, peu à peu, sans secousse et sans violence, d'éteindre tout excès de misère et de travail, en facilitant le rapprochement et la fusion de tous les intérêts. Elle dit à chaque citoyen : Aide-toi, Dieu et la république t'aideront.

100. Ne trouve-t-on pas des exemples que des hommes ignorants, paresseux et sans conduite soient riches ?

Ces exemples sont aussi nombreux. Mais il est évident que ce n'est pas à leur paresse, à leur ignorance et à leur inconduite que ces riches doivent leur fortune ; elle leur est venue par héritage ou par des moyens coupables.

101. L'héritage n'est-il pas injuste ?

Non, car son principe découle de la propriété dont le droit est de disposer à son gré des biens acquis par son industrie et son travail.

102. La fortune mal acquise n'est-elle pas injuste ?

Oui, sans doute. Si les moyens employés pour l'acquérir sont prévus par la loi, ils sont sévèrement réprimés, et si la loi ne peut les atteindre, le possesseur en est assez puni par les remords de sa conscience et par la réprobation de ses concitoyens.

103. Quels sont les devoirs du riche?

Le riche doit user de ses richesses autant dans l'intérêt de la société que pour le sien propre ; il doit encourager le pauvre, l'aider de ses secours et lui fournir des moyens de travailler.

104. Quel est le devoir du pauvre?

Il doit se montrer patient, sobre, persévérant dans le travail. Autant le riche serait coupable de se renfermer dans l'égoïsme, autant le pauvre serait criminel de prétendre à des biens qu'il n'aurait pas mérités par sa conduite et son travail.

X.

Famille. — Conditions de l'homme dans la famille. — Devoirs du père.

105. Qu'est-ce que la famille?

C'est la société resserrée dans ses plus étroites limites, dont les membres sont unis par les liens du sang et les premiers sentiments du cœur. Chacun a sa famille et c'est dans son sein qu'il naît, grandit et fait l'apprentissage des devoirs qu'il est appelé à remplir dans la grande société de l'Etat. C'est dans la famille que tout homme fait entendre son premier cri et qu'il désire jeter son dernier soupir.

106. Dans quelles conditions se trouve l'homme dans la famille?

L'homme est dans la famille, père, époux, fils, maître ou serviteur, et chacune de ces conditions lui impose des devoirs particuliers.

107. Quels sont les devoirs du père?

Le père doit à ses enfants la triple éducation morale, intellectuelle et physique.

108. Qu'entendez-vous par éducation morale?

J'entends le devoir d'inspirer aux enfants l'amour de Dieu et de la vertu, l'horreur du vice et de ce qui est mal.

109. Qu'entendez-vous par éducation intellectuelle et physique?

J'entends le devoir de développer leur intelligence et les forces de leur corps et de leur donner une instruction utile à la profession qu'ils veulent embrasser.

110. Que doit faire un père pour élever ses enfants?

Il doit leur donner le bon exemple, les corriger et veiller sur eux.

111. Pourquoi leur donner le bon exemple?

Parce qu'il n'y a rien qui fasse plus d'impression sur les enfants que les exemples et les habitudes de la famille.

112. Comment le père doit-il corriger ses enfants?

Le père doit corriger ses enfants avec douceur, patience et charité, sans emportement dans les gestes et les paroles; il ne doit pas châtier trop sévèrement des fautes légères, ne punir que celles qui le méritent et donner des encouragements par de justes récompenses.

113. Comment le père doit-il veiller sur ses enfants.

Le père doit veiller sur la conduite de ses enfants en éloignant d'eux les livres et les personnes qui peuvent les corrompre, et en mettant à leur disposition les ouvrages propres à développer leur intelligence, à les former à la vertu et à les instruire utilement. Il doit de plus mettre ses soins à la propreté et au développement de leur corps.

XI.

Famille. — Mariage. — Devoirs des époux. — Devoirs des enfants. — Devoirs des maîtres et des serviteurs.

114. Qu'est-ce que le mariage?

C'est l'union de l'homme et de la femme sanctifiée par la bouche d'un prêtre et légitimée par l'acte du magistrat.

115. Quels sont les devoirs des époux.

Les époux doivent avoir l'un pour l'autre de la tendresse et de l'affection, se garder mutuellement la fidélité qu'ils se sont promise, s'assister dans tous leurs besoins, veiller sur la conduite de leurs enfants et prendre soin de leur éducation.

116. L'instruction des enfants est-elle obligatoire pour les parents?

Oui. C'est un devoir que la nature et Dieu ont gravé dans le cœur des hommes de donner l'instruction à leurs enfants. Aussi la conscience rend obligatoire pour les parents le soin d'envoyer leurs enfants aux écoles de la république, pour leur faire donner l'instruction qui est la nourriture de l'âme comme le pain est celle du corps.

117. Quels sont les devoirs des enfants envers leurs parents?

Les enfants doivent à leurs parents, amour, docilité, respect et reconnaissance.

118. Comment les enfants doivent-ils témoigner leur amour à l'égard de leurs parents?

Les enfants doivent témoigner leur amour et leur tendresse à leurs parents en cherchant à leur épargner le moindre chagrin et à leur procurer par leur bonne conduite des sujets de satisfaction et de bonheur.

119. Comment les enfants doivent-ils témoigner à leurs parents leur respect et leur docilité?

En ne faisant aucune action et en ne prononçant aucune parole qui puisse les offenser, et enfin par la fidèle exécution de leurs conseils et de leurs volontés.

120. Comment témoigneront-ils leur reconnaissance?

Les enfants témoigneront leur reconnaissance à leurs parents en les consolant dans leurs afflictions, en les soulageant dans leurs maladies, en les aidant dans leur infortune, et en supportant les incommodités de leur vieillesse.

121. Quels sont les devoirs des maîtres envers les serviteurs?

Ils doivent se montrer bons, justes, et se concilier le respect par les bienveillants rapports d'intérêt et d'affection.

122. Quels sont les devoirs des serviteurs?

Les serviteurs doivent à leurs maîtres, amour, obéissance, respect et fidélité.

123. Qu'entendez-vous par fidélité envers les maîtres?

J'entends cette qualité qui consiste à employer utilement le temps que l'on doit à leur service, à conserver et à défendre le bien et la réputation des maîtres, comme on défendrait son propre bien et sa propre réputation.

124. Les devoirs de la famille ne s'enchaînent-ils pas avec tous les autres devoirs?

Oui, parce que l'intérêt de la famille est subordonné à l'intérêt de la cité, celui de la cité à l'intérêt de la nation, et celui de la nation à l'intérêt de l'humanité.

MORALE INDIVIDUELLE.

XII.

Devoirs de l'homme envers lui-même.

125. Quelle est la nature de l'homme?

L'homme est composé d'une double nature : d'une nature immatérielle et immortelle, qui est l'âme, et d'une nature matérielle et mortelle, qui est le corps.

126. Quels sont les rapports de l'homme avec lui-même ?

Ces rapports sont de deux espèces : les rapports avec l'âme et les rapports avec le corps. De là, deux sortes de devoirs, les devoirs envers l'âme et les devoirs envers le corps.

127. Quels sont les devoirs relatifs à l'âme ?

Les devoirs relatifs à l'âme ont pour objet les facultés dont elle est douée, la raison, la sensibilité et la volonté libre ou liberté.

128. Comment expliquez-vous ces devoirs?

L'homme est tenu de diriger ses facultés vers l'accomplissement de la haute destinée que Dieu lui a réservée. Il doit exercer et développer sa raison pour atteindre à la vérité, découvrir l'erreur, comprendre tous ses devoirs, parvenir à l'entière connaissance de Dieu et se rendre digne de lui. Il doit conserver sa sensibilité pure ; enfin, il ne doit user de sa liberté que pour faire le bien, fuir le mal, et remplir tous ses devoirs pour se maintenir dans toute sa dignité.

129. Quels sont les devoirs relatifs au corps ?

Les devoirs relatifs au corps ont pour objet la conservation de ses organes.

130. Qu'entendez-vous par organes ?

J'entends les nerfs, les muscles et tout l'appareil qui sert à transmettre à l'âme les impressions qu'éprouve le corps.

131. Quels sont nos organes ?

Il y en a cinq qui correspondent aux cinq sens : la main et toute la surface du corps dont le sens est le toucher ; l'organe de l'œil dont le sens est la vue ; les oreilles dont le sens est l'ouïe ; le palais dont le sens est le goût ; et le nez dont le sens est l'odorat.

132. Qu'entendez-vous par les sens ?

J'entends la faculté qu'a l'âme de prendre connaissance des objets qui sont en dehors d'elle, par le moyen des organes où résident les sens. Par exemple, le sens de la vue, par le moyen de l'œil, lui fera prendre connaissance de la forme et de la couleur des objets ; le sens de l'ouïe, par le moyen des oreilles, lui fera prendre connaissance des sons et de l'harmonie ; le sens du goût, par le moyen du palais, lui fera connaître la saveur des objets ; le sens de l'odorat, par le moyen du nez, lui fera connaître les odeurs, et le toucher lui fera connaître la dureté des objets.

133. Les organes sont-ils nécessaires à l'âme ?

Oui, car les organes sont les serviteurs de l'âme : c'est par eux que l'âme connaît au dehors d'elle-même ; aussi doit-elle subvenir à leurs besoins et veiller à leur conservation.

134. Comment l'homme maintiendra-t-il la conservation de son corps ?

Par les soins hygiéniques qui sont en son pouvoir.

135. Qu'entendez-vous par ce mot *hygiénique ?*

Hygiénique vient d'*hygiène*, qui signifie soins de la santé du corps.

136. Quels sont donc les soins hygiéniques qu'il faut employer ?

D'abord la plus grande propreté, et puis l'exercice raisonnable et modéré de nos organes, c'est-à-dire, mesurer le travail à nos forces, la nourriture à notre estomac et le repos à la fatigue. Tels sont les devoirs que l'homme doit remplir envers lui-même, dans son intérêt particulier et dans l'intérêt plus important de la société.

TABLE.

BIBLIOTHÈQUE NATIONALE R.F. IMPRIMÉS

Imprimerie de J. Delalain.

6

www.ingramcontent.com/pod-product-compliance
Ingram Content Group UK Ltd.
Pitfield, Milton Keynes, MK11 3LW, UK
UKHW022139260726
13993UKWH00005B/2029